DOCUMENTOS DO MAGISTÉRIO

Projeto Gráfico: Ronaldo Hideo Inoue
Diagramação: Ronaldo Hideo Inoue
Revisão: Danilo Mondoni, SJ

Paulus Editora
Rua Francisco Cruz, 229
04117-091 São Paulo, SP
T 55 11 5087 3700
F 55 11 5579 3627
editorial@paulus.com.br
www.paulus.com.br

Edições Loyola Jesuítas
Rua 1822, 341 – Ipiranga
04216-000 São Paulo, SP
T 55 11 3385 8500/8501 • 2063 4275
editorial@loyola.com.br
vendas@loyola.com.br
www.loyola.com.br

Todos os direitos reservados. Nenhuma parte desta obra pode ser reproduzida ou transmitida por qualquer forma e/ou quaisquer meios (eletrônico ou mecânico, incluindo fotocópia e gravação) ou arquivada em qualquer sistema ou banco de dados sem permissão escrita da Editora.

ISBN 978-85-15-02569-5

13ª edição: 2016

© EDIÇÕES LOYOLA, São Paulo, Brasil, 2002

Carta Apostólica do Santo Padre
JOÃO PAULO II

Rosarium Virginis Mariae
sobre o Rosário

DOCUMENTOS DO MAGISTÉRIO

Sumário

7
Introdução

13
Capítulo I
Contemplar Cristo com Maria

21
Capítulo II
Mistérios de Cristo — Mistérios da Mãe

29
Capítulo III
"Para mim, viver é Cristo"

39
Conclusão

Introdução

Ao Episcopado, ao clero e aos fiéis, sobre o rosário

1. O Rosário da Virgem Maria (*Rosarium Virginis Mariae*), que por inspiração do Espírito de Deus se foi formando gradualmente no segundo milênio, é oração amada por numerosos santos e estimulada pelo Magistério. Em sua simplicidade e profundidade, permanece, mesmo no terceiro milênio recém-iniciado, uma oração de grande significado, destinada a produzir frutos de santidade. Ela se enquadra perfeitamente no caminho espiritual de um cristianismo que, passados dois mil anos, nada perdeu de seu frescor original e sente-se impulsionado pelo Espírito de Deus a "avançar para águas mais profundas" (*duc in altum*!) para reafirmar, melhor, para "gritar" Cristo ao mundo como Senhor e Salvador, como "caminho, verdade e vida" (Jo 14,6), como "o fim da história humana, o ponto para onde tendem os desejos da história e da civilização"[1].

O Rosário, de fato, ainda que caracterizado por sua fisionomia mariana, em seu âmago é oração cristológica. Na sobriedade de seus elementos, concentra *a profundidade de toda a mensagem evangélica*, da qual é quase um compêndio[2]. Nele ecoa a oração de Maria, seu perene *Magnificat* pela obra da encarnação redentora iniciada em seu ventre virginal. Com ele, o povo cristão *frequenta a escola de Maria* para deixar-se introduzir na contemplação da beleza do rosto de Cristo e na experiência da profundidade de seu amor. Mediante o Rosário, o crente alcança a graça em abundância, como se a recebesse das próprias mãos da Mãe do Redentor.

---

1. CONCÍLIO ECUMÊNICO VATICANO II, Constituição pastoral sobre a Igreja no mundo contemporâneo *Gaudium et spes*, 45.
2. Cf. PAULO VI, Exortação apostólica *Marialis cultus*, 42 (2 de fevereiro de 1974), *AAS* 66 (1974) 153.

Os pontífices romanos e o Rosário

2. Muitos de meus predecessores atribuíram grande importância a essa oração. Merecimento particular teve, a propósito, Leão XIII que, no dia 1º de setembro de 1883, promulgava a encíclica *Supremi apostolatus officio*³, alto pronunciamento com o qual inaugurava numerosas outras declarações sobre esta oração, indicando-a como instrumento espiritual eficaz contra os males da sociedade. Entre os papas mais recentes, já na época conciliar, que se distinguiram na promoção do Rosário, desejo recordar o beato João XXIII⁴ e sobretudo Paulo VI que, na exortação apostólica *Marialis cultus*, destacou, em harmonia com a inspiração do Concílio Vaticano II, o caráter evangélico do Rosário e sua orientação cristológica.

Eu mesmo não descurei ocasião para exortar à frequente recitação do Rosário. Desde minha juventude, esta oração teve um lugar importante em minha vida espiritual. Trouxe-mo à memória minha recente viagem à Polônia, sobretudo a visita ao santuário de Kalwaria. O Rosário acompanhou-me nos momentos de alegria e nas provações. A ele confiei tantas preocupações; nele encontrei sempre conforto. Vinte e quatro anos atrás, no dia 29 de outubro de 1978, apenas duas semanas depois de minha eleição para a Sé de Pedro, quase numa confidência, assim me exprimia: "O Rosário é minha oração predileta. Oração maravilhosa! Maravilhosa na simplicidade e na profundidade. [...] Pode-se dizer que o Rosário é, em certo modo, um comentário-prece do último capítulo da constituição *Lumen gentium* do Vaticano II, capítulo que trata da admirável presença da Mãe de Deus no mistério de Cristo e da Igreja. De fato, sobre o fundo das palavras da ave-maria passam diante dos olhos da alma os principais episódios da vida de Jesus Cristo. Eles dispõem-se no conjunto dos mistérios gozosos, dolorosos e gloriosos, e põem-nos em comunhão viva com Jesus — poderíamos dizer — através do coração de sua Mãe. Ao mesmo tempo, nosso coração pode incluir nestas dezenas do Rosário todos os fatos que formam a vida do indivíduo, da família, da nação, da Igreja e da humanidade. Acontecimentos pessoais e do próximo, e de modo particular daqueles que nos são mais familiares e que mais estimamos. Assim a simples oração do Rosário marca o ritmo da vida humana"⁵.

---

3. Cf. *Acta Leonis XIII*, 3 (1884) 280-289.
4. De modo particular, merece menção sua Epístola apostólica sobre o Rosário "O encontro religioso", de 29 de setembro de 1961, *AAS* 53 (1961) 641-647.
5. Alocução do "Angelus", *L'Osservatore Romano* (ed. portuguesa: 5 de novembro de 1978), 1.

Com estas palavras, meus caros irmãos e irmãs, inseria no ritmo cotidiano do Rosário *meu primeiro ano de Pontificado*. Hoje, *no início do vigésimo quinto ano de serviço como sucessor de Pedro*, desejo fazer o mesmo. Quantas graças recebi nestes anos da Virgem Santa através do Rosário: *Magnificat anima mea Dominum*! Desejo elevar ao Senhor meu agradecimento com as palavras de sua Mãe Santíssima, sob cuja proteção coloquei meu ministério petrino: *Totus tuus*!

Outubro 2002 — outubro 2003: Ano do Rosário

3 Por isso, na esteira da reflexão oferecida na carta apostólica *Novo millennio ineunte*, na qual convidei o Povo de Deus, após a experiência jubilar, a "partir de Cristo"[6], senti a necessidade de desenvolver uma reflexão sobre o Rosário, uma espécie de coroação mariana da referida carta apostólica, para exortar à contemplação do rosto de Cristo na companhia e na escola de sua Mãe Santíssima. Com efeito, recitar o Rosário nada mais que *contemplar com Maria o rosto de Cristo*. Para dar maior relevo a este convite, e tomando como ocasião a próxima efeméride dos cento e vinte anos da mencionada encíclica de Leão XIII, desejo que esta oração seja especialmente proposta e valorizada nas várias comunidades cristãs durante o ano. Proclamo, portanto, o período que vai de outubro deste ano a outubro de 2003 *Ano do Rosário*.

Deixo esta indicação pastoral à iniciativa das diversas comunidades eclesiais. Com ela não pretendo dificultar, mas antes integrar e consolidar os planos pastorais das Igrejas particulares. Espero que ela seja acolhida com generosidade e solicitude. O Rosário, quando descoberto em seu pleno significado, conduz ao âmago da vida cristã, oferecendo uma ordinária e fecunda oportunidade espiritual e pedagógica para a contemplação pessoal, a formação do povo de Deus e a nova evangelização. Apraz-me reafirmá-lo, também, na recordação feliz de outro aniversário: os quarenta anos do início do Concílio Ecumênico Vaticano II (11 de outubro de 1962), a "grande graça" predisposta pelo Espírito de Deus para a Igreja do nosso tempo[7].

---

6. Cf. n. 29, *AAS* 93 (2001) 285.
7. João XXIII, nos anos de preparação do concílio, não deixou de convidar a comunidade cristã à recitação do Rosário pelo sucesso deste evento eclesial: cf. Carta ao Cardeal Vigário de 28 de setembro de 1960, *AAS* 52 (1960) 814-817.

Objeções ao Rosário

4. A oportunidade desta iniciativa emerge de distintas considerações. A primeira refere-se à urgência de fazer frente a uma certa crise desta oração, que corre o risco, no atual contexto histórico e teológico, de ser erradamente debilitada em seu valor e, por conseguinte, escassamente proposta às novas gerações. Pensam alguns que a centralidade da liturgia, justamente ressaltada pelo Concílio Ecumênico Vaticano II, tenha como necessária consequência uma diminuição da importância do Rosário. Na verdade, como o afirmou Paulo VI, esta oração não só não se opõe à liturgia, mas *serve-lhe de apoio*, visto que a introduz e ressoa, permitindo vivê-la com plena participação interior e recolhendo seus frutos na vida cotidiana.

Pode haver também quem tema que o Rosário possa revelar-se pouco ecumênico pelo seu caráter marcadamente mariano. Na verdade, situa-se no mais claro horizonte de um culto à Mãe de Deus tal como o concílio delineou: um culto orientado ao centro cristológico da fé cristã, de forma que, "honrando a Mãe, melhor se conheça, ame e glorifique o Filho"[8]. Se adequadamente compreendido, o Rosário é certamente uma ajuda, não um obstáculo, para o ecumenismo!

Caminho de contemplação

5. O motivo mais importante, porém, para propor com insistência a prática do Rosário reside no fato de este constituir um meio validíssimo para favorecer entre os que creem o *compromisso de contemplação do mistério cristão* que propus, na carta apostólica *Novo millennio ineunte*, como verdadeira pedagogia da santidade: "Há necessidade de um cristianismo que se destaque principalmente pela *arte da oração*"[9]. Enquanto na cultura contemporânea, mesmo entre tantas contradições, emerge uma nova exigência de espiritualidade, solicitada inclusive pela influência de outras religiões, é extremamente urgente que nossas comunidades cristãs se tornem "autênticas escolas de oração"[10].

O Rosário situa-se na melhor e mais garantida tradição da contemplação cristã. Desenvolvido no Ocidente, é oração tipicamente medita-

---

8. Constituição dogmática sobre a Igreja *Lumen gentium*, 66.
9. N. 32, *AAS* 93 (2001) 288.
10. Ibid., 33: *l.c.*, 289.

tiva e corresponde, de certo modo, à "oração do coração" ou "oração de Jesus" germinada no *húmus* do Oriente cristão.

Oração pela paz e pela família

6. Temos algumas circunstâncias históricas que dão maior atualidade ao relançamento do Rosário. A primeira delas é a urgência de pedir a Deus *o dom da paz*. O Rosário foi, por diversas vezes, proposto por meus predecessores e por mim mesmo como oração pela paz. No início de um milênio que começou com as cenas assustadoras do atentado de 11 de setembro de 2001, e que registra cada dia em tantas partes do mundo novas situações de sangue e violência, redescobrir o Rosário significa mergulhar na contemplação do mistério daquele que "é a nossa paz", tendo feito "de dois povos um só, destruindo o muro da inimizade que os separava" (Ef 2,14). Portanto não se pode recitar o Rosário sem sentir-se chamado a um preciso compromisso de serviço à paz, especialmente na terra de Jesus, tão atormentada ainda, e tão cara ao coração cristão.

Análoga urgência de empenho e oração surge de outra realidade crítica de nossa época, *a da família*, célula da sociedade, cada vez mais ameaçada por forças desagregadoras em nível ideológico e prático, que fazem temer pelo futuro desta instituição fundamental e imprescindível e, consequentemente, pela sorte da sociedade inteira. O relançamento do Rosário nas famílias cristãs, no âmbito de uma pastoral mais ampla da família, propõe-se como ajuda eficaz para conter os efeitos devastadores desta crise da nossa época.

"Eis a tua mãe!" (Jo 19,27)

7. Numerosos sinais demonstram quanto a Virgem Maria quer, também hoje, precisamente através desta oração, exercer o cuidado maternal ao qual o Redentor prestes a morrer confiou, na pessoa do discípulo predileto, todos os filhos da Igreja: "Mulher, eis aí o teu filho" (Jo 19,26). São conhecidas, ao longo dos séculos XIX e XX, várias ocasiões nas quais a Mãe de Cristo fez, de algum modo, sentir sua presença e sua voz para exortar o povo de Deus a essa forma de oração contemplativa. Em particular desejo lembrar, pela incisiva influência que conservam na vida dos cristãos e pelo reconhecimento

recebido da Igreja, as aparições de Lourdes e de Fátima[11], cujos respectivos santuários são meta de numerosos peregrinos em busca de conforto e de esperança.

Na senda das testemunhas

Seria impossível citar a multidão sem conta de santos que encontraram no Rosário um autêntico caminho de santificação. Bastará recordar São Luís Maria Grignion de Montfort, autor de uma preciosa obra sobre o Rosário[12], e, em nossos dias, Padre Pio de Pietrelcina, que recentemente tive a alegria de canonizar. Além disso, um carisma especial, como verdadeiro apóstolo do Rosário, teve o beato Bartolo Longo. Seu caminho de santidade apoia-se numa inspiração ouvida no fundo do coração: "Quem difunde o Rosário, se salva!"[13]. Baseado nisto, ele sentiu-se chamado a construir em Pompeia um templo dedicado à Virgem do Santo Rosário no cenário dos restos da antiga cidade, ainda pouco tocada pelo anúncio cristão quando foi sepultada em 79 pela erupção do Vesúvio e surgida de suas cinzas séculos depois como testemunho das luzes e sombras da civilização clássica.

Com toda a sua obra e, de modo particular, através dos "Quinze sábados", Bartolo Longo desenvolveu a alma cristológica e contemplativa do Rosário, encontrando particular estímulo e apoio em Leão XIII, o "Papa do Rosário".

---

11. É sabido, e deve-se reafirmá-lo, que as revelações privadas não são da mesma natureza que a revelação pública, normativa para toda a Igreja. Ao Magistério cabe discernir e reconhecer a autenticidade e o valor das revelações privadas para a piedade dos fiéis.

12. *Il segreto meraviglioso del Santo Rosario per convertirsi e salvarsi: Opere, 1, Scritti spirituali*, Roma, 1990, 729-843.

13. Beato Bartolo Longo, *Storia del Santuario di Pompei*, Pompei, 1990, 59.

Capítulo I
Contemplar Cristo com Maria

Um rosto resplandecente como o sol

9. "Transfigurou-se diante deles: seu rosto resplandeceu como o sol" (Mt 17,2). A cena evangélica da transfiguração de Cristo, na qual os três apóstolos, Pedro, Tiago e João, aparecem como que extasiados pela beleza do redentor, pode ser tomada como *ícone da contemplação cristã*. Fixar os olhos no rosto de Cristo, reconhecer o mistério no caminho ordinário e doloroso de sua humanidade, até perceber o brilho divino definitivamente manifestado no ressuscitado glorificado à direita do Pai, é a tarefa de cada discípulo de Cristo; é por conseguinte também a nossa tarefa. Contemplando este rosto, dispomo-nos a acolher o mistério da vida trinitária, para experimentar novamente o amor do Pai e gozar da alegria do Espírito Santo. Realiza-se assim também para nós a palavra de São Paulo: "E nós todos que, de rosto descoberto, refletimos a glória do Senhor, somos transfigurados nesta mesma imagem, com uma glória sempre maior, pelo Senhor, que é Espírito" (2Cor 3,18).

Maria, modelo de contemplação

10. A contemplação de Cristo tem em Maria seu *modelo insuperável*. O rosto do Filho lhe pertence de um modo especial. Foi em seu ventre que se plasmou, recebendo dela também uma semelhança humana que evoca uma intimidade espiritual certamente ainda maior. Ninguém se dedicou com a mesma assiduidade de Maria à

contemplação do rosto de Cristo. Os olhos do seu coração concentram-se de algum modo sobre ele já na Anunciação, quando o concebe por obra do Espírito Santo; nos meses seguintes, começa a sentir sua presença e a pressagiar seus contornos. Quando finalmente o dá à luz em Belém, também seus olhos de carne podem fixar-se com ternura no rosto do Filho enquanto o envolve em panos e o recosta numa manjedoura (cf. Lc 2,7).

Desde então, seu olhar, cheio sempre de reverente estupor, não se separará mais dele. Algumas vezes será um *olhar interrogativo*, como no episódio da perda no templo: "Filho, porque nos fizeste isto?" (Lc 2,48); em todo o caso será *um olhar penetrante*, capaz de ler o íntimo de Jesus, a ponto de perceber seus sentimentos ocultos e adivinhar suas decisões, como em Caná (cf. Jo 2,5); outras vezes será *um olhar doloroso*, sobretudo aos pés da cruz, onde haverá ainda, de certa forma, o olhar da parturiente, pois Maria não se limitará a compartilhar a paixão e a morte do unigênito, mas acolherá o novo filho a ela entregue na pessoa do discípulo predileto (cf. Jo 19,26-27); na manhã da Páscoa, será *um olhar radioso* pela alegria da ressurreição e, enfim, *um olhar ardoroso* pela efusão do Espírito no dia de Pentecostes (cf. At 1,14).

As recordações de Maria

11 Maria vive com os olhos fixos em Cristo e guarda cada palavra sua: "Conservava todas estas coisas, ponderando-as em seu coração" (Lc 2,19; cf. 2,51). As recordações de Jesus, estampadas em sua alma, acompanharam-na em cada circunstância, levando-a a percorrer novamente com o pensamento os vários momentos de sua vida junto com o Filho. Foram estas recordações que constituíram, de certo modo, o "rosário" que ela mesma recitou constantemente nos dias da sua vida terrena.

E mesmo agora, entre os cânticos de alegria da Jerusalém celestial, os motivos de sua gratidão e de seu louvor permanecem imutáveis. São eles que inspiram seu carinho materno pela Igreja peregrina, na qual ela continua a desenvolver a trama da sua "narrativa" de evangelizadora. *Maria propõe continuamente aos que creem os "mistérios" de seu Filho*, desejando que sejam contemplados, para que possam irradiar toda a sua força salvífica. Quando recita o Rosário, a comunidade cristã sintoniza-se com a lembrança e com o olhar de Maria.

Rosário, oração contemplativa

12. O Rosário, precisamente a partir da experiência de Maria, é *uma oração marcadamente contemplativa*. Privado desta dimensão, perderia sentido, como sublinhava Paulo VI: "Sem contemplação, o Rosário é um corpo sem alma e sua recitação corre o perigo de tornar-se uma repetição mecânica de fórmulas e de vir a achar-se em contradição com a advertência de Jesus: 'Quando orardes, não multipliqueis palavras como fazem os pagãos; eles imaginam que pelo muito falar se farão atender' (Mt 6,7). Por sua natureza, a recitação do Rosário requer um ritmo tranquilo e uma certa demora, que favoreçam, naquele que ora, a meditação dos mistérios da vida do Senhor, vistos através do coração daquela que mais de perto esteve em contato com o Senhor, e que abram o acesso às suas insondáveis riquezas"[1].

Precisamos deter-nos neste profundo pensamento de Paulo VI, para dele extrair algumas dimensões do Rosário que definem melhor seu caráter próprio de contemplação cristológica.

Recordar Cristo com Maria

13. O contemplar de Maria é sobretudo *um recordar*. Convém, no entanto, entender esta palavra no sentido bíblico de memória (*zakar*), que atualiza as obras realizadas por Deus na história da salvação. A Bíblia é narração de acontecimentos salvíficos que culminam no próprio Cristo. Estes acontecimentos não constituem somente um "ontem"; *são também o "hoje" da salvação*.

Esta atualização realiza-se particularmente na liturgia: o que Deus realizou séculos atrás não tinha a ver só com as testemunhas diretas dos acontecimentos, mas alcança, pelo dom de sua graça, o homem de todos os tempos. Isto vale, de certo modo, também para qualquer outra aproximação piedosa a tais acontecimentos: "fazer memória deles", em atitude de fé e de amor, significa abrir-se à graça que Cristo nos obteve com os mistérios de sua vida, morte e ressurreição.

Por isso, enquanto se reafirma, com o Concílio Vaticano II, que a Liturgia, como exercício do ofício sacerdotal de Cristo e culto público, é "a meta para a qual tende toda a ação da Igreja e a fonte de onde

---
1. *Marialis cultus*, 47, *AAS* 66 (1974) 156.

promana toda a sua força"², convém ainda lembrar que "a participação na sagrada liturgia não esgota a vida espiritual. O cristão, chamado a rezar em comum, deve também entrar em seu quarto para rezar a sós ao Pai (cf. Mt 6,6); mais, segundo ensina o Apóstolo, deve rezar sem cessar (cf. 1Ts 5,17)"³. O Rosário, com sua especificidade, situa-se neste cenário diversificado da oração "incessante", e se a liturgia, ação de Cristo e da Igreja, é *ação salvífica por excelência*, o Rosário, enquanto meditação sobre Cristo com Maria, é *contemplação salutar*. De fato, a inserção, de mistério em mistério, na vida do Redentor faz com que tudo aquilo que ele realizou, e a liturgia atualiza, seja profundamente assimilado e modele a existência.

Aprender Cristo de Maria

14 Cristo é o mestre por excelência, o revelador e a revelação. Não se trata somente de aprender as coisas que ele ensinou, mas de "*aprendê-lo*". Nisto, porém, que mestra é mais experimentada que Maria? Se, do lado de Deus, é o Espírito, o mestre interior, que nos conduz à verdade plena de Cristo (cf. Jo 14,26; 15,26; 16,13), dentre os seres humanos, ninguém melhor que ela conhece Cristo, ninguém como a Mãe pode introduzir-nos no profundo conhecimento de seu mistério.

O primeiro dos "sinais" realizado por Jesus — a transformação da água em vinho nas bodas de Caná — mostra-nos precisamente Maria no papel de mestra, quando exorta os servos a cumprir as disposições de Cristo (cf. Jo 2,5). E podemos imaginar que ela tenha desempenhado a mesma função com os discípulos depois da ascensão de Jesus, quando ficou com eles à espera do Espírito Santo e os animou na primeira missão. Percorrer com ela as cenas do Rosário é como frequentar a "escola" de Maria para ler Cristo, penetrar em seus segredos, compreender sua mensagem.

Uma escola, a de Maria, ainda mais eficaz, quando se pensa que ela a dá obtendo-nos os dons do Espírito Santo com abundância e, ao mesmo tempo, propondo-nos o exemplo daquela "peregrinação da fé"⁴, na qual é mestra inigualável. Diante de cada mistério do Filho, ela

---

2. Conc. Ecum. Vat. II, Constituição sobre a Sagrada Liturgia *Sacrosanctum Concilium*, 10.
3. Ibid., 12.
4. Conc. Ecum. Vat. II, Constituição dogmática *Lumen gentium*, 58.

convida-nos, como na anunciação, a colocar humildemente as perguntas que abrem à luz, para concluir sempre com a obediência da fé: "Eis a serva do Senhor, faça-se em mim segundo a tua palavra" (Lc 1,38).

Configurar-se a Cristo com Maria

15. A espiritualidade cristã tem como caráter qualificador o empenho do discípulo em configurar-se sempre mais com seu mestre (cf. Rm 8,29; Fl 3,10.21). A efusão do Espírito no batismo introduz o crente como ramo na videira que é Cristo (cf. Jo 15,5), o constitui membro de seu corpo místico (cf. 1Cor 12,12; Rm 12,5). Mas a esta unidade inicial deve corresponder um caminho de assimilação progressiva a ele, que oriente sempre mais o comportamento do discípulo conforme a "lógica" de Cristo: "Haja entre vós o mesmo sentir e pensar que no Cristo Jesus" (Fl 2,5). É necessário, segundo as palavras do Apóstolo, "revestir-se de Cristo" (Rm 13,14; Gl 3,27).

No itinerário espiritual do Rosário, fundado na incessante contemplação — em companhia de Maria — do rosto de Cristo, este ideal exigente de configuração com ele alcança-se através do trato, podemos dizer, "amistoso". Este nos introduz de modo natural na vida de Cristo e como que nos faz "respirar" seus sentimentos. A este respeito, diz o beato Bartolo Longo: "Tal como dois amigos, que se encontram constantemente, costumam configurar-se até mesmo nos hábitos, assim também nós, conversando familiarmente com Jesus e a Virgem, ao meditar os mistérios do Rosário, vivendo unidos uma mesma vida pela comunhão, podemos vir a ser, por quanto possível à nossa pequenez, semelhantes a eles, e aprender destes supremos modelos a vida humilde, pobre, escondida, paciente e perfeita"[5].

Nesse processo de configuração a Cristo no Rosário, confiamo-nos, de modo particular, à ação maternal da Virgem Santa. Aquela que é Mãe de Cristo pertence à Igreja como seu "membro eminente e inteiramente singular"[6], sendo ao mesmo tempo a "Mãe da Igreja". Como tal, "gera" continuamente filhos para o Corpo místico do Filho. Faz isto mediante a intercessão, implorando para eles a efusão inesgotável do Espírito. Ela é *o ícone perfeito da maternidade da Igreja*.

---

5. *I quindici sabati del Santissimo Rosario*, 27 & ordf: ed., Pompei, 1916, 27.
6. *Lumen gentium*, 53.

O Rosário transporta-nos misticamente para junto de Maria empenhada em acompanhar o crescimento humano de Cristo na casa de Nazaré. Isto permite-lhe educar-nos e plasmar-nos com a mesma solicitude, até que Cristo esteja plasmado em nós plenamente (cf. Gl 4,19). Esta ação de Maria, totalmente fundada na ação de Cristo e a ela radicalmente subordinada, "não impede minimamente a união imediata dos que creem com Cristo, antes a facilita"[7]. É o princípio luminoso expresso pelo Concílio Vaticano II, que experimentei com tanta força em minha vida, colocando-o na base de meu lema episcopal: *Totus tuus*[8]. Um lema, como é sabido, inspirado na doutrina de São Luís Maria Grignion de Montfort, que assim explica o papel de Maria no processo de configuração de cada um de nós a Cristo: *"Toda a nossa perfeição consiste em sermos configurados, unidos e consagrados a Jesus Cristo.* Portanto, a mais perfeita de todas as devoções é incontestavelmente aquela que nos configura, une e consagra mais perfeitamente a Jesus Cristo. Ora, sendo Maria entre todas as criaturas a mais configurada a Jesus Cristo, daí se conclui que, de todas as devoções, a que melhor consagra e configura uma alma a Nosso Senhor é a devoção a Maria, sua santa mãe; e quanto mais uma alma for consagrada a Maria, tanto mais o será a Jesus Cristo"[9]. Nunca como no Rosário o caminho de Cristo e o de Maria aparecem unidos tão profundamente. Maria só vive em Cristo e em função de Cristo!

Suplicar a Cristo com Maria

16 Cristo convidou-nos a dirigir-nos a Deus com insistência e confiança para sermos escutados: "Pedi e dar-se-vos-á; procurai e encontrareis; batei e abrir-se-vos-á" (Mt 7,7). O fundamento desta eficácia da oração é a bondade do Pai, mas também a mediação junto dele por parte do mesmo Cristo (cf. 1Jo 2,1) e a ação do Espírito Santo que "intercede por nós" conforme os desígnios de Deus (cf. Rm 8,26-27). De fato, "não sabemos o que devemos pedir em nossas orações" (Rm 8, 26) e, às vezes, não somos atendidos "porque pedimos mal" (Tg 4,3).

---

7. Ibid., 60.
8. Cf. Primeira Radiomensagem *Urbi et orbi*, 17 de outubro de 1978, *AAS* 70 (1978) 927.
9. *Trattato della vera devozione a Maria, 120: Opere, 1, Scritti spirituali*, Roma, 1990, 430.

Em apoio da oração que Cristo e o Espírito fazem brotar em nosso coração, Maria intervém com sua materna intercessão. "A oração da Igreja é como que sustentada pela oração de Maria"[10]. De fato, se Jesus, único mediador, é o caminho da nossa oração, Maria, pura transparência dele, mostra o caminho, e "é a partir desta singular cooperação de Maria com a ação do Espírito Santo que as Igrejas cultivaram a oração à santa Mãe de Deus, centrando-a na pessoa de Cristo manifestada em seus mistérios"[11]. Nas bodas de Caná, o Evangelho mostra precisamente a eficácia da intercessão de Maria, que se faz porta-voz junto de Jesus das necessidades humanas: "Eles não têm vinho" (Jo 2,3).

O Rosário é ao mesmo tempo meditação e súplica. A imploração insistente da Mãe de Deus apoia-se na confiança de que sua materna intercessão tudo pode no coração do Filho. Ela é "onipotente por graça", como, com expressão audaz a ser bem entendida, dizia o beato Bartolo Longo em sua *Súplica à Virgem*[12]. Uma certeza esta que, a partir do Evangelho, foi-se consolidando através da experiência do povo cristão. O grande poeta Dante, na linha de São Bernardo, interpreta-a estupendamente quando canta: *"Donna, se' tanto grande e tanto vali,/che qual vuol grazia e a te non ricorre,/sua disianza vuol volar sanz'ali"*[13]. No Rosário, Maria, santuário do Espírito Santo (cf. Lc 1,35), ao ser suplicada por nós, apresenta-se em nosso favor diante do Pai que a cumulou de graça e do Filho nascido de suas entranhas, pedindo conosco e por nós.

Anunciar Cristo com Maria

17 O Rosário é também *um itinerário de anúncio e aprofundamento*, no qual o mistério de Cristo é continuamente oferecido aos diversos níveis da experiência cristã. O módulo é o de uma apresentação orante e contemplativa, que visa plasmar o discípulo segundo o coração de Cristo. De fato, se na recitação do Rosário todos os

---

10. *Catecismo da Igreja Católica*, 2679.
11. Ibid., 2675.
12. A *súplica à Rainha do Santo Rosário*, que se recita solenemente duas vezes ao ano, em maio e outubro, foi composta pelo Beato Bartolo Longo em 1883, como adesão ao convite feito aos católicos pelo Papa Leão XIII, em sua primeira encíclica sobre o Rosário, de um empenho espiritual para enfrentar os males da sociedade.
13. *Divina comédia*, Par. XXXIII, 13-15 ("Mulher, és tão grande e tanto vales,/que quem deseja uma graça e a vós não se dirige, é como se quisesse voar sem asas").

elementos para uma meditação eficaz forem devidamente valorizados, torna-se, especialmente na celebração comunitária nas paróquias e nos santuários, uma *significativa oportunidade catequética* que os Pastores devem saber aproveitar. A Virgem do Rosário também continua deste modo sua obra de anúncio de Cristo. A história do Rosário mostra como esta oração foi utilizada especialmente pelos dominicanos, num momento difícil para a Igreja por causa da difusão da heresia. Hoje encontramo-nos diante de novos desafios. Por que não retomar na mão o Terço com a fé dos que nos precederam? O Rosário conserva toda a sua força e permanece um recurso não negligenciável na bagagem pastoral de todo bom evangelizador.

Capítulo II
Mistérios de Cristo
— Mistérios da Mãe

O Rosário, "compêndio do Evangelho"

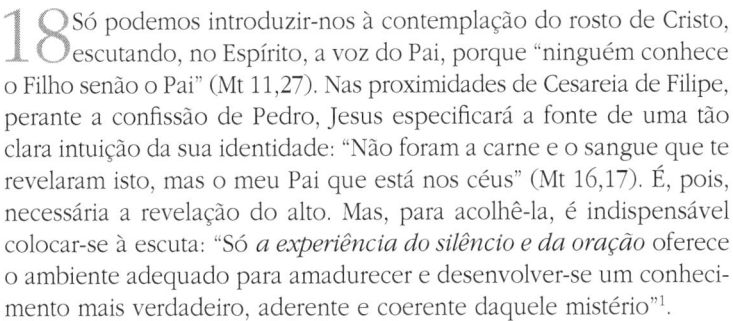

18 Só podemos introduzir-nos à contemplação do rosto de Cristo, escutando, no Espírito, a voz do Pai, porque "ninguém conhece o Filho senão o Pai" (Mt 11,27). Nas proximidades de Cesareia de Filipe, perante a confissão de Pedro, Jesus especificará a fonte de uma tão clara intuição da sua identidade: "Não foram a carne e o sangue que te revelaram isto, mas o meu Pai que está nos céus" (Mt 16,17). É, pois, necessária a revelação do alto. Mas, para acolhê-la, é indispensável colocar-se à escuta: "Só *a experiência do silêncio e da oração* oferece o ambiente adequado para amadurecer e desenvolver-se um conhecimento mais verdadeiro, aderente e coerente daquele mistério"[1].

O Rosário é um dos percursos tradicionais da oração cristã aplicada à contemplação do rosto de Cristo. Paulo VI assim o descreveu: "Oração evangélica, centrada no mistério da encarnação redentora, o *Rosário* é, por isso mesmo, uma prece de orientação profundamente cristológica. Na verdade, seu elemento mais característico — a repetição litânica do *"Alegra-te, Maria"* — torna-se também ele louvor incessante a Cristo, objetivo último do anúncio do anjo e da saudação da mãe do Batista: "Bendito o fruto do teu ventre" (Lc 1,42). Diremos mais ainda: a repetição da *ave-maria* constitui a urdidura sobre a qual se desenrola a contemplação dos mistérios; aquele Jesus que cada *ave-maria* relembra é o mesmo que a sucessão dos mistérios propõe, alternadamente, como Filho de Deus e da Virgem Santíssima"[2].

---

1. João Paulo II, Carta apostólica *Novo millennio ineunte*, 20 (6 de janeiro de 2001), *AAS* 93 (2001) 279.
2. *Marialis cultus*, 46, *AAS* 66 (1974) 155.

Uma inserção oportuna

19. De tantos mistérios da vida de Cristo, o Rosário, tal como se consolidou na prática mais comum confirmada pela autoridade eclesial, aponta só alguns. Tal seleção foi ditada pela estruturação originária desta oração, que adotou o número 150 como o dos Salmos.

Considero, no entanto, que, para intensificar a densidade cristológica do Rosário, seja oportuna uma inserção que, embora deixada à livre valorização de cada pessoa e das comunidades, lhes permita abraçar também *os mistérios da vida pública de Cristo entre o batismo e a paixão*. Com efeito, é no âmbito destes mistérios que contemplamos aspectos importantes da pessoa de Cristo como revelador definitivo de Deus. É ele que, declarado Filho dileto do Pai no batismo do Jordão, anuncia a vinda do Reino, testemunha-a com as obras e proclama suas exigências. É nos anos da vida pública que *o mistério de Cristo se mostra de forma especial como mistério de luz*: "Enquanto estou no mundo, sou a luz do mundo" (Jo 9,5).

Para que o Rosário possa ser mais plenamente considerado "compêndio do Evangelho", é conveniente que, depois de recordar a encarnação e a vida oculta de Cristo (*mistérios da alegria*), e antes de se deter nos sofrimentos da paixão (*mistérios da dor*), e no triunfo da ressurreição (*mistérios da glória*), a meditação se concentre também em alguns momentos particularmente significativos da vida pública (*mistérios da luz*). Esta inserção de novos mistérios, sem prejudicar nenhum aspecto essencial do esquema tradicional desta oração, visa fazer viver com renovado interesse na espiritualidade cristã, como verdadeira introdução na profundidade do coração de Cristo, abismo de alegria e de luz, de dor e de glória.

Mistérios da alegria

20. O primeiro ciclo, o dos "mistérios gozosos", caracteriza-se de fato pela *alegria que irradia do acontecimento da encarnação*. Isto é evidente desde a anunciação, quando a saudação de Gabriel à Virgem de Nazaré se liga ao convite da alegria messiânica: "Alegra-te, Maria". Para este anúncio se encaminha a história da salvação, e até, de certo modo, a história do mundo. De fato, se o desígnio do Pai é recapitular em Cristo todas as coisas (cf. Ef 1,10), então todo o universo de algum modo é alcançado pelo favor divino, com o qual o Pai se

inclina sobre Maria para torná-la Mãe de seu Filho. Por sua vez, toda a humanidade está como que incluída no *fiat* com que ela corresponde prontamente à vontade de Deus.

Sob o signo da exultação, aparece depois a cena do encontro com Isabel, onde a voz de Maria e a presença de Cristo em seu ventre fazem João "saltar de alegria" (cf. Lc 1,44). Inundada de alegria é a cena de Belém, onde o nascimento do Deus-menino, o salvador do mundo, é cantado pelos anjos e anunciado aos pastores precisamente como "uma grande alegria" (Lc 2,10).

Os dois últimos mistérios, porém, mesmo conservando o sabor da alegria, já *antecipam os sinais do drama*. A apresentação no templo, de fato, enquanto exprime a alegria da consagração e extasia o velho Simeão, registra também a profecia do "sinal de contradição" que o Menino será para Israel e da espada que trespassará a alma da mãe (cf. Lc 2,34-35). Gozoso, e ao mesmo tempo dramático, é também o episódio de Jesus aos 12 anos no templo. Vemo-lo aqui em sua divina sabedoria, enquanto escuta e interroga, e substancialmente no papel daquele que "ensina". A revelação do seu mistério de Filho totalmente dedicado às coisas do Pai é anúncio da radicalidade evangélica que põe inclusive em crise os laços mais caros às pessoas diante das exigências absolutas do Reino. Até José e Maria, aflitos e angustiados, "não entenderam" suas palavras (Lc 2,50).

Por isso, meditar os mistérios gozosos significa entrar nas motivações últimas e no significado profundo da alegria cristã. Significa fixar o olhar sobre a realidade concreta do mistério da encarnação e sobre o obscuro prenúncio do mistério do sofrimento salvífico. Maria leva-nos a aprender o segredo da alegria cristã, lembrando-nos que o cristianismo é sobretudo *euangelion*, "boa nova", que tem o seu centro, antes, o seu próprio conteúdo, na pessoa de Cristo, o Verbo feito carne, único Salvador do mundo.

Mistérios da luz

21 Passando da infância e da vida de Nazaré à vida pública de Jesus, a contemplação leva-nos aos mistérios que se podem chamar, especialmente, "mistérios da luz". Na verdade, *todo o mistério de Cristo é luz*. Ele é a "luz do mundo" (Jo 8,12). Mas esta dimensão emerge particularmente *nos anos da vida pública*, quando ele anuncia o evangelho do Reino. Querendo indicar à comunidade cristã cinco

momentos significativos — mistérios luminosos — desta fase da vida de Cristo, considero que se podem justamente destacar: 1°) o batismo no Jordão; 2°) a autorrevelação nas bodas de Caná; 3°) o anúncio do Reino de Deus com o convite à conversão; 4°) a transfiguração; e, enfim, 5°) a instituição da Eucaristia, expressão sacramental do mistério pascal. Cada um desses mistérios é *revelação do Reino divino já personificado no próprio Jesus*. Primeiramente é mistério de luz o Batismo no Jordão. Aqui, enquanto Cristo desce à água do rio, como inocente que se faz pecado por nós (cf. 2Cor 5,21), o céu se abre e a voz do Pai proclama-o Filho dileto (cf. Mt 3,17 par.), ao mesmo tempo em que o Espírito vem sobre ele para investi-lo na missão que o espera. Mistério de luz é o início dos sinais em Caná (cf. Jo 2,1-12), quando Cristo, transformando a água em vinho, abre à fé o coração dos discípulos graças à intervenção de Maria, a primeira entre os que creem. Mistério de luz é a pregação com a qual Jesus anuncia o advento do Reino de Deus e convida à conversão (cf. Mc 1,15), perdoando os pecados de quem se dirige a ele com humilde confiança (cf. Mc 2,3-13; Lc 7,47-48), início do ministério de misericórdia que ele prosseguirá exercendo até o fim do mundo, especialmente através do sacramento da reconciliação confiado à sua Igreja (cf. Jo 20,22-23). Mistério de luz por excelência é a transfiguração que, segundo a tradição, se deu no Monte Tabor. A glória da divindade reluz no rosto de Cristo, enquanto o Pai o credencia aos apóstolos extasiados para que o "escutem" (cf. Lc 9,35 par.) e se disponham a viver com ele o momento doloroso da paixão, a fim de chegarem com Ele à glória da ressurreição e a uma vida transfigurada pelo Espírito Santo. Mistério de luz é, enfim, a instituição da Eucaristia, na qual Cristo se faz alimento com o seu corpo e o seu sangue sob os sinais do pão e do vinho, testemunhando "até o extremo" seu amor pela humanidade (Jo 13,1), por cuja salvação se oferecerá em sacrifício.

Nesses mistérios, à exceção de Caná, *a presença de Maria fica em segundo plano*. Os Evangelhos mencionam apenas alguma presença ocasional dela no tempo da pregação de Jesus (cf. Mc 3,31-35; Jo 2,12) e nada dizem de uma eventual presença no Cenáculo durante a instituição da Eucaristia. Mas a função que desempenha em Caná acompanha, de algum modo, todo o caminho de Cristo. A revelação, que no batismo do Jordão é oferecida diretamente pelo Pai e confirmada pelo Batista, está em sua boca em Caná, e torna-se a grande advertência materna que ela dirige à Igreja de todos os tempos: "Fazei o que ele vos disser" (Jo 2,5). Advertência esta que introduz bem as palavras e os sinais de Cristo durante a vida pública, constituindo o fundo mariano de todos os "mistérios da luz".

Mistérios da dor

22. Os Evangelhos dão grande relevo aos mistérios da dor de Cristo. Desde sempre a piedade cristã, especialmente na Quaresma, através do exercício da *Via-Sacra*, deteve-se em cada um dos momentos da paixão, intuindo que aqui está o *ápice da revelação do amor* e a fonte da nossa salvação. O Rosário escolhe alguns momentos da paixão, induzindo o orante a fixar neles o olhar do coração e a revivê-los. O itinerário meditativo abre-se com o Getsêmani, onde Cristo vive um momento de particular angústia perante a vontade do Pai, contra a qual a debilidade da carne seria tentada a revoltar-se. Ali Cristo põe-se no lugar de todas as tentações da humanidade, e diante de todos os seus pecados, para dizer ao Pai: "Não se faça a minha vontade, mas a tua"(Lc 22,42 par.). Este seu "sim" muda o "não" dos pais no Éden. E o quanto lhe deverá custar esta adesão à vontade do Pai emerge dos mistérios seguintes, nos quais, com a flagelação, a coroação de espinhos, a subida ao Calvário, a morte na cruz, ele é lançado no maior desprezo: *Ecce homo!*

Nesse desprezo, revela-se não somente o amor de Deus, mas o próprio sentido do homem. *Ecce homo*: quem quiser conhecer o homem deve saber reconhecer o seu sentido, a sua raiz e o seu cumprimento em Cristo, Deus que se rebaixa por amor "até a morte, e morte de cruz" (Fl 2,8). Os mistérios da dor levam o crente a reviver a morte de Jesus pondo-se aos pés da cruz junto de Maria, para com Ela penetrar no abismo do amor de Deus pelo homem e sentir toda a sua força regeneradora.

Mistérios da glória

23. "A contemplação do rosto de Cristo não pode deter-se na imagem do crucificado. Ele é o ressuscitado!"[3] O Rosário sempre expressou esta certeza da fé, convidando aquele que crê a ultrapassar as trevas

---

3. *Novo millennio ineunte*, 28, *AAS* 93 (2001) 284.

da paixão, para fixar o olhar na glória de Cristo com a ressurreição e a ascensão. Contemplando o Ressuscitado, o cristão *redescobre as razões da própria fé* (cf. 1Cor 15,14), e revive não só a alegria daqueles a quem Cristo se manifestou — os apóstolos, Madalena, os discípulos de Emaús —, mas também *a alegria de Maria*, que deverá ter tido uma experiência não menos intensa da nova existência do Filho glorificado. A esta glória, onde com a ascensão Cristo se senta à direita do Pai, ela mesma será elevada com a assunção, chegando, por especialíssimo privilégio, a antecipar o destino reservado a todos os justos com a ressurreição da carne. Enfim, coroada de glória — como aparece no último mistério glorioso — ela resplandece como rainha dos anjos e dos santos, antecipação e ponto culminante da condição escatológica da Igreja.

No centro deste itinerário de glória do Filho e da Mãe, o Rosário põe, no terceiro mistério glorioso, o Pentecostes, que mostra o rosto da Igreja como família reunida com Maria, fortalecida pela poderosa efusão do Espírito, pronta para a missão evangelizadora. No âmbito da realidade da Igreja, a contemplação deste, como dos outros mistérios gloriosos, deve levar os crentes a tomar uma consciência cada vez mais viva de sua nova existência em Cristo, uma existência de que o Pentecostes constitui o grande "ícone". Desta forma, os mistérios gloriosos alimentam nos crentes *a esperança da meta escatológica*, para onde caminham como membros do povo de Deus peregrino na história. Isto não pode deixar de impeli-los a um corajoso testemunho da "grande alegria" que dá sentido a toda a sua vida.

Dos "mistérios" ao "Mistério": o caminho de Maria

24. Esses ciclos meditativos propostos no Santo Rosário não são certamente exaustivos, mas apelam ao essencial, introduzindo o espírito no gosto de um conhecimento de Cristo que brota continuamente da fonte límpida do texto evangélico. Cada passagem da vida de Cristo, como é narrada pelos evangelistas, reflete o Mistério que supera todo o conhecimento (cf. Ef 3,19). É o Mistério do Verbo feito carne, no qual "habita corporalmente toda a plenitude da divindade" (Cl 2,9). Por isso o *Catecismo da Igreja Católica* insiste tanto nos mistérios de Cristo, lembrando que "tudo na vida de Jesus é sinal de seu Mistério"[4]. O "*duc in altum*" da Igreja no terceiro milênio é medido

---
4. N. 515.

pela capacidade dos cristãos de "conhecer o mistério de Deus, isto é Cristo, no qual estão escondidos todos os tesouros da sabedoria e da ciência" (Cl 2,2-3). A cada batizado é dirigido este voto ardente da Carta aos Efésios: "Que Cristo habite pela fé nos vossos corações, de sorte que, arraigados e fundados na caridade, possais [...] compreender o amor de Cristo, que excede toda a ciência, para que sejais cheios de toda a plenitude de Deus" (3,17-19).

O Rosário coloca-se ao serviço deste ideal, oferecendo o "segredo" para se abrir mais facilmente a um conhecimento profundo e empenhado de Cristo. Digamos que é *o caminho de Maria*. É o caminho do exemplo da Virgem de Nazaré, mulher de fé, de silêncio e de escuta. É, ao mesmo tempo, o caminho de uma devoção mariana animada pela certeza da relação indivisível que liga Cristo à sua Mãe Santíssima: os *mistérios de Cristo* são também, de certo modo, os *mistérios da Mãe*, mesmo quando não está diretamente envolvida, pelo fato de ela viver dele e para ele. Na *ave-maria*, apropriando-nos das palavras do arcanjo Gabriel e de Santa Isabel, sentimo-nos levados a procurar sempre em Maria, em seus braços e em seu coração, o "fruto bendito do seu ventre" (cf. Lc 1,42).

Mistério de Cristo, "mistério" do homem

25 No citado testemunho de 1978 sobre o Rosário como minha oração predileta, exprimi um conceito sobre o qual desejo retornar. Dizia então que "a simples oração do Rosário marca o ritmo da vida humana"[5].

À luz das reflexões desenvolvidas até agora sobre os mistérios de Cristo, não é difícil aprofundar esta *implicação antropológica* do Rosário; uma implicação mais radical do que possa parecer à primeira vista. Quem contempla a Cristo, percorrendo as etapas de sua vida, não pode deixar de aprender dele *a verdade sobre o homem*. É a grande afirmação do Concílio Vaticano II que, desde a Carta encíclica *Redemptor hominis*, tantas vezes fiz objeto de meu magistério: "Na realidade, o mistério do homem só se esclarece verdadeiramente no mistério do Verbo encarnado"[6]. O Rosário nos ajuda a abrir-nos a esta

---

5. "Angelus" do dia 29 de outubro de 1978, *L'Osservatore Romano* (ed. portuguesa: 5 de novembro de 1978), 1.

6. *Gaudium et spes*, 22.

luz. Seguindo o caminho de Cristo, no qual o caminho do homem é "recapitulado"[7], manifestado e redimido, o crente põe-se diante da imagem do homem verdadeiro. Contemplando seu nascimento, aprende a sacralidade da vida, olhando para a casa de Nazaré, aprende a verdade originária da família segundo o desígnio de Deus, escutando o mestre nos mistérios da vida pública, recebe a luz para entrar no Reino de Deus, e seguindo-o no caminho para o Calvário, aprende o sentido da dor salvífica. Contemplando, enfim, a Cristo e sua Mãe na glória, vê a meta para a qual cada um de nós é chamado, deixa-se curar e transfigurar pelo Espírito Santo. Pode-se dizer, portanto, que cada mistério do Rosário, bem meditado, ilumina o mistério do homem.

Ao mesmo tempo, torna-se natural levar a este encontro com a humanidade santa do redentor os numerosos problemas, agruras, fadigas e projetos que definem a nossa vida. "Livra-te do teu fardo, confia-o ao Senhor, ele te reconfortará" (Sl 55,23). Meditar com o Rosário significa entregar nossos cuidados aos corações misericordiosos de Cristo e de sua mãe. À distância de vinte e cinco anos, ao reconsiderar as provações que não faltaram nem mesmo no exercício do ministério petrino, desejo insistir, como para convidar calorosamente a todos, a fim de que experimentem pessoalmente isto mesmo: verdadeiramente o Rosário "marca o ritmo da vida humana" para harmonizá-la com o ritmo da vida divina, na gozosa comunhão da Santíssima Trindade, destino e aspiração da nossa existência.

---

7. SANTO IRENEU DE LIÃO, *Adversus haereses*, III, 18,1, in *PG* 7, 932.

Capítulo III
"Para mim, viver é Cristo"

O Rosário, caminho de assimilação do místério

26. A meditação dos mistérios de Cristo é proposta no Rosário com um método característico, apropriado por sua natureza para favorecer a assimilação deles. É o método *baseado na repetição*. Isto é visível sobretudo com a *ave-maria*, repetida dez vezes em cada mistério. Considerando superficialmente uma tal repetição, pode-se ser tentado a ver o Rosário como uma prática árida e aborrecida. Chega-se, porém, a uma ideia muito diferente quando se considera o Terço como expressão do amor que não se cansa de voltar à pessoa amada com efusões que, apesar de semelhantes na sua manifestação, são sempre novas pelo sentimento que as permeia.

Em Cristo, Deus assumiu verdadeiramente um "coração de carne". Não tem apenas um coração divino, rico de misericórdia e perdão, mas também um coração humano, capaz de todas as vibrações de afeto. Se houvesse necessidade de um testemunho evangélico disto mesmo, não seria difícil encontrá-lo no diálogo comovente de Cristo com Pedro depois da ressurreição: "Simão, filho de João, tu me amas?" Por três vezes é feita a pergunta, e três vezes Cristo recebe como resposta: "Senhor, tu sabes que te amo" (cf. Jo 21,15-17). Além do significado específico do texto, tão importante para a missão de Pedro, não passa despercebida a ninguém a beleza desta *tríplice repetição*, na qual a solicitação insistente e a respectiva resposta são expressas com termos bem conhecidos da experiência universal do amor humano. Para compreender o Rosário é preciso entrar na dinâmica psicológica típica do amor.

Uma coisa é clara! Se a repetição da *ave-maria* se dirige diretamente a Maria, com ela e por ela, é para Jesus que, em última análise, vai o ato de amor. A repetição alimenta-se do desejo de uma conformação cada vez mais plena a Cristo, verdadeiro "programa" da vida cristã. São Paulo enunciou este programa com palavras cheias de ardor: "Para mim, o viver é Cristo, e o morrer é lucro" (Fl 1,21). E ainda: "Já não sou eu que vivo, é Cristo que vive em mim" (Gl 2,20). O Rosário ajuda-nos a crescer nesta conformação até a meta da santidade.

Um método válido...

27. Não deve maravilhar-nos o fato de a relação com Cristo se servir também do auxílio de um método. Deus comunica-se ao homem respeitando o modo de ser da nossa natureza e seus ritmos vitais. Por isso a espiritualidade cristã, embora conhecendo as formas mais sublimes do silêncio místico em que todas as imagens, palavras e gestos ficam superados pela intensidade de uma inefável união do homem com Deus, normalmente passa pelo envolvimento total da pessoa, em sua complexa realidade psicofísica e relacional.

Isso é evidente *na liturgia*. Os sacramentos e os sacramentais estão estruturados com uma série de ritos, em que se faz apelo às diversas dimensões da pessoa. E a mesma exigência transparece da oração não litúrgica. A confirmá-lo está o fato de a oração mais característica de meditação cristológica no Oriente, que se centra nas palavras "Jesus Cristo, Filho de Deus, Senhor, tem piedade de mim, pecador"[1], estar tradicionalmente ligada ao ritmo da respiração: ao mesmo tempo que isso facilita a perseverança na invocação, assegura quase uma densidade física ao desejo de que Cristo se torne a respiração, a alma e o "tudo" da vida.

... que todavia pode ser melhorado

28. Recordei na carta apostólica *Novo millennio ineunte* que há hoje, mesmo no Ocidente, uma *renovada exigência de meditação*, que se vê às vezes promovida em outras religiões com modalidades cativantes[2]. Não faltam cristãos que, por reduzido conhecimento da

---
1. *Catecismo da Igreja Católica*, 2616.
2. Cf. n. 33, *AAS* 93 (2001) 289.

tradição contemplativa cristã, se deixam aliciar por tais propostas. Apesar de possuírem elementos positivos e às vezes compatíveis com a experiência cristã, todavia escondem frequentemente um fundo ideológico inaceitável. Em tais experiências, é muito comum aparecer uma metodologia que, tendo por objetivo uma alta concentração espiritual, recorre a técnicas repetitivas e simbólicas de caráter psicofísico. O Rosário coloca-se neste quadro universal da fenomenologia religiosa, mas apresenta características próprias que correspondem às exigências típicas da especificidade cristã.

Na realidade, trata-se simplesmente de um *método para contemplar*. E, como método que é, há de ser utilizado em vista de seu fim, e não como fim em si mesmo. Mas, sendo fruto de uma experiência secular, o próprio método não deve ser subestimado. Abona em seu favor a experiência de inumeráveis santos. Isto, porém, não impede que seja melhorado. Tal é o objetivo da inserção, no ciclo dos mistérios, da nova série dos *mysteria lucis*, juntamente com algumas sugestões relativas à recitação, que proponho nesta carta. Através delas, embora respeitando a estrutura amplamente consolidada desta oração, queria ajudar os fiéis a compreendê-la em seus aspectos simbólicos, em sintonia com as exigências da vida cotidiana. Sem isso, o Rosário corre o risco não só de não produzir os efeitos espirituais desejados, mas até mesmo de o terço, com que habitualmente é recitado, acabar por ser visto quase como um amuleto ou objeto mágico, com uma adulteração radical de seu sentido e de sua função.

A enunciação do mistério

29 Enunciar o mistério, com a possibilidade até de fixar contextualmente um ícone que o represente, é como *abrir um cenário* sobre o qual se concentra a atenção. As palavras orientam a imaginação e o espírito para aquele episódio ou momento concreto da vida de Cristo. Na espiritualidade que se foi desenvolvendo na Igreja, tanto a veneração de ícones como inúmeras devoções ricas de elementos sensíveis, e mesmo o método proposto por Santo Inácio de Loyola nos *Exercícios Espirituais*, recorrem ao elemento visível e figurativo (a chamada *compositio loci*), considerando-o de grande ajuda para facilitar a concentração do espírito no mistério. Aliás, é uma metodologia que *corresponde à própria lógica da encarnação*: em Jesus, Deus quis to-

mar feições humanas. É através da sua realidade corpórea que somos levados a tomar contato com seu mistério divino.

É a esta exigência de concretização que dá resposta a enunciação dos vários mistérios do Rosário. Certamente, estes não substituem o Evangelho, nem fazem referência a todas as suas páginas. Por isso, o Rosário não substitui a *lectio divina*; pelo contrário, a supõe e promove-a. Mas, se os mistérios considerados no Rosário, completados agora com os *mysteria lucis*, se limitam aos traços fundamentais da vida de Cristo, o espírito pode facilmente, a partir deles, estender-se ao resto do Evangelho, sobretudo quando o Rosário é recitado em momentos particulares de prolongado silêncio.

A escuta da Palavra de Deus

30. A fim de dar fundamentação bíblica e maior profundidade à meditação, é útil que a enunciação do mistério seja acompanhada pela *proclamação de uma passagem bíblica alusiva*, que, segundo as circunstâncias, pode ser mais ou menos longa. De fato, as outras palavras não atingem nunca a eficácia própria da palavra inspirada. Esta deve ser escutada com a certeza de que é Palavra de Deus, pronunciada para o dia de hoje e "para mim".

Assim acolhida, ela entra na metodologia de repetição do Rosário, sem provocar o enfado que derivaria de uma simples evocação de informação já bem conhecida. Não, não se trata de trazer à memória uma informação, mas de *deixar Deus "falar"*. Em ocasiões solenes e comunitárias, esta palavra pode ser devidamente ilustrada com um breve comentário.

O silêncio

31. *A escuta e a meditação alimentam-se de silêncio*. Por isso, após a enunciação do mistério e a proclamação da Palavra, é conveniente parar, durante um período suficiente de tempo, e fixar o olhar sobre o mistério meditado, antes de começar a oração vocal. A redescoberta do valor do silêncio é um dos segredos para a prática da contemplação e da meditação. Entre as limitações de uma sociedade de forte predominância tecnológica e midiática, conta-se o fato de se tornar

cada vez mais difícil o silêncio. Tal como na liturgia se recomendam momentos de silêncio, assim também na recitação do Rosário é oportuno fazer uma pausa depois da escuta da Palavra de Deus enquanto o espírito se fixa no conteúdo do respectivo mistério.

O "pai-nosso"

32 Após a escuta da Palavra e a concentração no mistério, é natural que *o espírito se eleve para o Pai*. Em cada um de seus mistérios, Jesus leva-nos sempre até o Pai, para quem ele se volta continuamente porque repousa em seu "seio" (cf. Jo 1,18). Quer introduzir-nos na intimidade do Pai para dizermos com ele: "Abbá, Pai" (Rm 8,5; Gl 4,6). É em relação ao Pai que ele nos torna irmãos seus e entre nós, ao comunicar-nos o Espírito que é conjuntamente dele e do Pai. O "pai-nosso", colocado quase como alicerce da meditação cristológico-mariana que se desenrola na repetição da *ave-maria*, torna a meditação do mistério, mesmo quando é feita a sós, uma experiência eclesial.

As dez "ave-marias"

33 Este elemento é o mais encorpado do Rosário e também o que faz dele uma oração mariana por excelência. Mas à luz da própria *ave-maria*, bem entendida, nota-se claramente que o caráter mariano não só não se opõe ao cristológico como até o sublinha e exalta. De fato, a primeira parte da *ave-maria*, tirada das palavras dirigidas a Maria pelo anjo Gabriel e por Santa Isabel, é contemplação adoradora do mistério que se realiza na Virgem de Nazaré. Exprimem, por assim dizer, a admiração do céu e da terra, e deixam de certo modo transparecer o encanto do próprio Deus ao contemplar sua obra-prima — a encarnação do Filho no ventre virginal de Maria — na linha do olhar contente do Gênesis (cf. Gn 1,31), daquele primordial *"pathos* com que Deus, na aurora da criação, contemplou a obra de suas mãos"[3]. A repetição da *ave-maria* no Rosário sintoniza-nos com este encanto

---

3. João Paulo II, Carta aos Artistas, 1 (4 de abril de 1999), *AAS* 91 (1999) 1155.

de Deus: é júbilo, admiração, reconhecimento do maior milagre da história. É o cumprimento da profecia de Maria: "Desde agora, todas as gerações me chamarão bem-aventurada" (Lc 1,48).

O centro de gravidade da *ave-maria*, uma espécie de dobradiça entre a primeira parte e a segunda, é o *nome de Jesus*. Às vezes, na recitação precipitada, perde-se tal baricentro e, com ele, também a ligação ao mistério de Jesus que se está contemplando. Ora, é precisamente pela acentuação dada ao nome de Jesus e ao seu mistério que se caracteriza a recitação expressiva e frutuosa do Rosário. Já Paulo VI recordou na exortação apostólica *Marialis cultus* o costume, existente em algumas regiões, de dar realce ao nome de Cristo acrescentando-lhe uma cláusula evocativa do mistério que se está meditando[4]. É um louvável costume sobretudo na recitação pública. Exprime de forma intensa a fé cristológica aplicada aos diversos momentos da vida do redentor. É *profissão de fé* e, ao mesmo tempo, um auxílio para permanecer em meditação, permitindo dar vida à função assimiladora, contida na repetição da *ave-maria*, relativamente ao mistério de Cristo. Repetir o nome de Jesus — o único nome do qual se pode esperar a salvação (cf. At 4,12) — enlaçado com o da Mãe Santíssima, e de certo modo deixando que seja ela própria a no-lo sugerir, constitui um caminho de assimilação que quer fazer-nos penetrar cada vez mais profundamente na vida de Cristo.

Desta relação muito especial de Maria com Cristo, que faz dela a Mãe de Deus, a *Theotòkos*, deriva a força da súplica com que nos dirigimos a ela depois na segunda parte da oração, confiando à sua materna intercessão a nossa vida e a hora da nossa morte.

O "glória"

34 A doxologia trinitária é a meta da contemplação cristã. De fato, Cristo é o caminho que nos conduz ao Pai, no Espírito. Se percorrermos em profundidade este caminho, achamo-nos continuamente na presença do mistério das três pessoas divinas para as louvar, adorar, agradecer. É importante que o *glória, apogeu da contemplação*, seja

---

4. Cf. n. 46, *AAS* 66 (1974) 155. Tal costume foi louvado ainda recentemente pela Congregação do Culto Divino e da Disciplina dos Sacramentos, no *Direttorio su pietà popolare e liturgia. Principi e orientamenti*, 201 (17 de dezembro de 2001), Città del Vaticano, 2002, 165.

posto em grande evidência no Rosário. Na recitação pública, poder-se-ia cantar para dar a devida ênfase a esta perspectiva estrutural e qualificadora de toda a oração cristã.

Na medida em que a meditação do mistério tiver sido — de *ave-maria* em *ave-maria* — atenta, profunda, animada pelo amor de Cristo e por Maria, a glorificação trinitária de cada dezena, em vez de reduzir-se a uma rápida conclusão, adquirirá seu justo tom contemplativo, como que elevando o espírito à altura do paraíso e fazendo-nos reviver de certo modo a experiência do Tabor, antecipação da contemplação futura: "Que bom estarmos aqui!" (Lc 9,33).

A jaculatória final

35. Na prática corrente do Rosário, depois da doxologia trinitária diz-se uma jaculatória, que varia segundo os costumes. Sem diminuir em nada o valor de tais invocações, parece oportuno assinalar que a contemplação dos mistérios poderá manifestar melhor toda a sua fecundidade se tiver o cuidado de terminar cada um dos mistérios com *uma oração para obter os frutos específicos da meditação desse mistério*. Deste modo, o Rosário poderá exprimir com maior eficácia sua ligação com a vida cristã. Isto mesmo no-lo sugere uma bela oração litúrgica que nos convida a pedir para, através da meditação dos mistérios do Rosário, chegarmos a "imitar o que contêm e alcançar o que prometem"[5].

Uma tal oração conclusiva poderá gozar, como já acontece, de uma legítima variedade em sua inspiração. Assim, o Rosário adquirirá uma fisionomia mais adaptada às diferentes tradições espirituais e às várias comunidades cristãs. Nesta perspectiva, é desejável que haja uma divulgação, com o devido discernimento pastoral, das propostas mais significativas, talvez experimentadas em centros e santuários marianos particularmente sensíveis à prática do Rosário, para que o Povo de Deus possa valer-se de toda a verdadeira riqueza espiritual, tirando dela alimento para a sua contemplação.

---

5. "... *concede, quæsumus, ut hæc mysteria sacratissimo beatæ Mariæ Virginis Rosario recolentes, et imitemur quod continent, et quod promittunt assequamur*", in *Missale Romanum* (1960), *In festo B. M. Virginis a Rosario*.

O terço

36. Um instrumento tradicional na recitação do Rosário é o terço. Em seu uso mais superficial, reduz-se frequentemente a um simples meio para contar e registrar a sucessão das *ave-marias*. Mas presta-se também para exprimir simbolismos, que podem conferir maior profundidade à contemplação.

A tal respeito, a primeira coisa a notar é como *o terço converge para o Crucificado*, que desta forma abre e fecha o próprio itinerário da oração. Em Cristo, está centrada a vida e a oração dos que creem. Tudo parte dele, tudo tende para Ele, tudo por Ele, no Espírito Santo, chega ao Pai.

Como instrumento de contagem que assinala o avançar da oração, o terço evoca o caminho incessante da contemplação e da perfeição cristã. O beato Bartolo Longo via-o também como uma "cadeia" que nos prende a Deus. Cadeia sim, mas uma doce cadeia; assim se apresenta sempre a relação com um Deus que é Pai. Cadeia "filial", que nos coloca em sintonia com Maria, a "serva do Senhor" (Lc 1,38), e em última instância com o próprio Cristo que, embora sendo Deus, se fez "servo" por nosso amor (Fl 2,7).

É bom alargar o significado simbólico do terço também à nossa relação recíproca, recordando através dele o vínculo de comunhão e fraternidade que a todos nos une em Cristo.

Começo e conclusão

37. Segundo a praxe comum, são vários os modos de introduzir o Rosário nos distintos contextos eclesiais. Em algumas regiões costuma-se iniciar com a invocação do Salmo 69/70: "Deus, vinde em nosso auxílio; Senhor, socorrei-nos e salvai-nos", para de certo modo alimentar, na pessoa orante, a humilde certeza de sua própria indigência; ao contrário, em outros lugares começa-se com a recitação do *Creio em Deus Pai*, querendo de certo modo colocar a profissão de fé como fundamento do caminho contemplativo que se inicia. Estes e outros modos, na medida em que dispõem melhor à contemplação, são métodos igualmente legítimos. A recitação termina com a oração pelas intenções do papa, para estender o olhar de quem reza ao amplo horizonte das necessidades eclesiais. Foi precisamente para encorajar esta perspectiva eclesial do Rosário que a Igreja quis enriquecê-lo com indulgências sagradas para quem o recitar com as devidas disposições.

Assim vivido, o Rosário torna-se verdadeiramente um caminho espiritual em que Maria se faz de mãe, mestra e guia, e apoia o fiel com sua poderosa intercessão. Como admirar-se de que o espírito, no final desta oração em que se teve a experiência íntima da maternidade de Maria, sinta a necessidade de se expandir em louvores à Virgem Santa, quer com a oração esplêndida da *Salve-rainha*, quer através das invocações da *ladainha lauretana*? É o remate de um caminho interior que levou o fiel ao contato vivo com o mistério de Cristo e da sua Mãe Santíssima.

A distribuição no tempo

38 O Rosário pode ser recitado integralmente todos os dias, não faltando quem louvavelmente o faça. Acaba assim por encher de oração as jornadas de tantos contemplativos, ou servir de companhia a doentes e idosos que dispõem de tempo em abundância. Mas é óbvio — e isto vale com mais forte razão ao acrescentar-se o novo ciclo dos *mysteria lucis* — que muitos poderão recitar apenas uma parte, segundo uma determinada ordem semanal. Esta distribuição pela semana acaba por dar às suas sucessivas jornadas certa "cor" espiritual, de modo análogo ao que faz a liturgia com as várias fases do ano litúrgico.

Segundo a prática corrente, a segunda e a quinta-feira são dedicadas aos "mistérios da alegria", a terça e a sexta-feira aos "mistérios da dor", a quarta-feira, o sábado e o domingo aos "mistérios da glória". Onde se podem inserir os "mistérios da luz"? Tendo em vista que os mistérios gloriosos são propostos em dois dias seguidos — sábado e domingo — e que o sábado é tradicionalmente um dia de intenso caráter mariano, parece recomendável deslocar para ele a segunda meditação semanal dos mistérios gozosos, nos quais está mais acentuada a presença de Maria. E assim fica livre a quinta-feira precisamente para a meditação dos mistérios da luz.

Esta indicação, porém, não pretende limitar uma certa liberdade de opção na meditação pessoal e comunitária, segundo as exigências espirituais e pastorais e sobretudo as coincidências litúrgicas que possam sugerir oportunas adaptações. Verdadeiramente importante é que o Rosário seja cada vez mais visto e sentido como itinerário contemplativo. Através dele, de modo complementar ao que se realiza na liturgia, a semana do cristão, tendo o domingo — dia da ressurreição — por pivô de articulação, torna-se uma caminhada através dos mistérios da vida de Cristo, para que ele se afirme, na vida de seus discípulos, como Senhor do tempo e da história.

Conclusão

"Rosário bendito de Maria, doce cadeia que nos prende a Deus"

39 Tudo o que foi dito até agora manifesta amplamente a riqueza desta oração tradicional, que tem não só a simplicidade de uma oração popular, mas também a profundidade teológica de uma oração adaptada a quem sente a exigência de uma contemplação mais madura.

A Igreja reconheceu sempre uma eficácia particular ao Rosário, confiando-lhe, mediante sua recitação comunitária e sua prática constante, as causas mais difíceis. Em momentos em que estivera ameaçada a própria cristandade, foi à força desta oração que se atribuiu a libertação do perigo, tendo a Virgem do Rosário sido saudada como propiciadora da salvação.

À eficácia desta oração, confio de bom grado hoje — como acenei ao princípio — a causa da paz no mundo e a causa da família.

A paz

40 As dificuldades que o horizonte mundial apresenta neste início de novo milênio levam-nos a pensar que só uma intervenção do Alto, capaz de orientar os corações daqueles que vivem em situações de conflito e de quantos regem os destinos das nações, permite esperar em um futuro menos sombrio.

O Rosário *é, por natureza, uma oração orientada para a paz*, precisamente porque consiste na contemplação de Cristo, Príncipe da paz e "nossa paz" (Ef 2,14). Quem assimila o mistério de Cristo — e o Rosário visa isto mesmo — aprende o segredo da paz e dele faz um projeto de vida. Além disso, devido ao seu caráter meditativo, com a serena sucessão das "ave-marias", exerce uma ação pacificadora sobre quem o reza, predispondo-o a receber e experimentar no mais fundo de si mesmo e a espalhar ao seu redor a paz verdadeira que é um dom especial do ressuscitado (cf. Jo 14,27; 20,21).

O Rosário é oração de paz também pelos frutos de caridade que produz. Se for recitado devidamente como verdadeira oração meditativa, ao facilitar o encontro com Cristo nos mistérios, não pode deixar de mostrar também o rosto de Cristo nos irmãos, sobretudo nos que mais sofrem. Como seria possível fitar nos mistérios gozosos o mistério do Menino nascido em Belém, sem sentir o desejo de acolher, defender e promover a vida, preocupando-se com o sofrimento das crianças nas diversas partes do mundo? Como se poderia seguir os passos de Cristo revelador, nos mistérios da luz, sem se empenhar a testemunhar suas "bem-aventuranças" na vida diária? E como contemplar a Cristo carregado com a cruz ou crucificado, sem sentir a necessidade de se fazer seu "cireneu" em cada irmão abatido pela dor ou esmagado pelo desespero? Enfim, como se poderia fixar os olhos na glória de Cristo ressuscitado e em Maria coroada rainha, sem desejar tornar este mundo mais belo, mais justo, mais conforme ao desígnio de Deus?

Em suma o Rosário, ao mesmo tempo que nos leva a fixar os olhos em Cristo, torna-nos também construtores da paz no mundo. Por suas características de petição insistente e comunitária, em sintonia com o convite de Cristo para "orar sempre, sem desfalecer" (Lc 18,1), permite-nos esperar que, também hoje, se possa vencer uma "batalha" tão difícil quanto a da paz. Longe de constituir uma fuga dos problemas do mundo, o Rosário leva-nos assim a vê-los com olhar responsável e generoso, e alcança-nos a força de voltar para eles com a certeza da ajuda de Deus e o firme propósito de testemunhar em todas as circunstâncias "a caridade, que é o vínculo da perfeição" (Cl 3,14).

A família: os pais...

41 Oração pela paz, o Rosário foi desde sempre *oração da família e pela família*. Outrora esta oração era particularmente amada pelas famílias cristãs e favorecia certamente sua união. É preciso não deixar perder esta preciosa herança. Importa voltar a rezar em família e pelas famílias, servindo-se ainda desta forma de oração.

Se, na carta apostólica *Novo millennio ineunte*, encorajei a celebração da *Liturgia das horas* pelos próprios leigos na vida ordinária das comunidades paroquiais e dos vários grupos cristãos[1], o mesmo desejo fazer quanto ao Rosário. Trata-se de dois caminhos, não alternativos mas complementares, da contemplação cristã. Peço, pois, a todos aqueles que se dedicam à pastoral das famílias para sugerirem com convicção a recitação do Rosário.

A família que reza unida permanece unida. O Santo Rosário, por antiga tradição, presta-se de modo particular a ser uma oração onde a família se encontra. Seus diversos membros, precisamente ao fixarem o olhar em Jesus, recuperam também a capacidade de sempre se olharem nos olhos para se comunicar, se solidarizar, se perdoar mutuamente, para recomeçar com um pacto de amor renovado pelo Espírito de Deus.

Muitos problemas das famílias contemporâneas, sobretudo nas sociedades economicamente evoluídas, derivam do fato de ser cada vez mais difícil se comunicar. Não conseguem estar juntos, e os raros momentos para isso acabam infelizmente absorvidos pelas imagens de uma televisão. Retomar a recitação do Rosário em família significa inserir na vida diária imagens bem diferentes — as do mistério que salva: a imagem do Redentor, a imagem de sua Mãe Santíssima. A família que reza unida o Rosário reproduz em certa medida o clima da casa de Nazaré: põe-se Jesus no centro, partilham-se com ele alegrias e sofrimentos, coloca-se em suas mãos necessidades e projetos, e dele se recebe esperança e força para o caminho.

... e os filhos

42 É bom e frutuoso também confiar a esta oração *o itinerário de crescimento dos filhos.* Porventura não é o Rosário o itinerário da vida de Cristo, desde sua concepção até a morte, ressurreição e glória? Hoje torna-se cada vez mais árdua para os pais a tarefa de seguir os filhos pelas várias etapas da sua vida. Na sociedade da tecnologia avançada, dos *mass media* e da globalização, tudo se tornou tão rápido; e a distância cultural entre as gerações é cada vez maior. Os apelos mais diversos e as experiências mais imprevisíveis cedo

---

1. Cf. n. 34, *AAS* 93 (2001) 290.

invadem a vida das crianças e adolescentes, e os pais sentem-se às vezes angustiados para fazer face aos riscos que eles correm. Não é raro experimentarem fortes desilusões, constatando a falência de seus filhos perante a sedução da droga, o fascínio de um hedonismo desenfreado, as tentações da violência, as expressões mais variadas de falta de sentido e de desespero.

Rezar o Rosário *pelos filhos* e, mais ainda, *com os filhos*, educando-os desde tenra idade para este momento diário de "parada orante" da família, não traz por certo a solução de todos os problemas, mas é uma ajuda espiritual que não se deve subestimar. Pode-se objetar que o Rosário parece uma oração pouco adaptada ao gosto das crianças e jovens de hoje. Mas a objeção parte talvez da forma muitas vezes pouco cuidada de o rezar. Ora, ressalvada sua estrutura fundamental, nada impede que a recitação do Rosário para crianças e jovens, tanto em família como em grupos, seja enriquecida com atrativos simbólicos e práticos que favoreçam sua compreensão e valorização. Por que não tentar? Uma pastoral da juventude sem descontos, apaixonada e criativa — as Jornadas Mundiais da Juventude deram-me sua medida! — pode, com a ajuda de Deus, fazer coisas verdadeiramente significativas. Se o Rosário for bem apresentado, estou seguro de que os próprios jovens serão capazes de surpreender uma vez mais os adultos, assumindo esta oração e recitando-a com o entusiasmo típico da sua idade.

O Rosário, um tesouro a descobrir

43 Queridos irmãos e irmãs! Uma oração tão fácil, e ao mesmo tempo tão rica, merece verdadeiramente ser redescoberta pela comunidade cristã. Façamo-lo sobretudo neste ano, assumindo esta proposta como um reforço da linha traçada na carta apostólica *Novo millennio ineunte*, na qual se inspiraram os planos pastorais de muitas Igrejas particulares ao programarem seus compromissos a curto prazo.

Dirijo-me de modo particular a vós, amados irmãos no episcopado, sacerdotes e diáconos, e a vós, agentes pastorais nos diversos ministérios, pedindo que, experimentando pessoalmente a beleza do Rosário, vos torneis solícitos promotores dele.

Também espero em vós, teólogos, para que desenvolvendo uma reflexão simultaneamente rigorosa e sapiencial, enraizada na Palavra de Deus e sensível à vida concreta do povo cristão, façais descobrir os fundamentos bíblicos, as riquezas espirituais, a validade pastoral desta oração tradicional.

Conto convosco, consagrados e consagradas, a título especial chamados a contemplar o rosto de Cristo na escola de Maria. Penso em vós todos, irmãos e irmãs de qualquer condição, em vós, famílias cristãs, em vós, doentes e idosos, em vós, jovens: *retomai confiantemente nas mãos o terço do Rosário*, fazendo sua descoberta à luz da Escritura, em harmonia com a liturgia, no contexto da vida cotidiana.

Que este meu apelo não fique ignorado! No início do vigésimo quinto ano de Pontificado, entrego esta carta apostólica nas mãos sapientes da Virgem Maria, *prostrando-me em espírito diante de sua imagem venerada no Santuário esplêndido que lhe edificou o beato Bartolo Longo*, apóstolo do Rosário. De bom grado, faço minhas as comoventes palavras com que ele conclui a célebre *Súplica à Rainha do Santo Rosário*: "Ó Rosário bendito de Maria, doce cadeia que nos prende a Deus, vínculo de amor que nos une aos anjos, torre de salvação contra os assaltos do inferno, porto seguro no naufrágio geral, não te deixaremos nunca mais. Serás o nosso conforto na hora da agonia. Seja para ti o último beijo da vida que se apaga. E a última palavra dos nossos lábios há de ser o vosso nome suave, ó rainha do Rosário de Pompeia, ó nossa Mãe querida, ó refúgio dos pecadores, ó soberana consoladora dos tristes. Sede bendita em todo o lado, hoje e sempre, na terra e no céu".

Joannes Paulus II

Vaticano, 16 de outubro de 2002,
início do vigésimo quinto ano de Pontificado.

Se você não encontrar qualquer um de nossos livros em sua livraria preferida ou em nossos distribuidores/revendedores, faça o pedido ao nosso Departamento Comercial.

Edições Loyola

rua 1822 n° 341
04216-000 são paulo sp
T 55 11 3385 8500
F 55 11 2063 4275
vendas@loyola.com.br
www.loyola.com.br

DISTRIBUIDORES

- **BAHIA**

LDM – Livraria e Distribuidora Multicampi Ltda.
Rua Machado de Assis, 16, Cj. C – Brotas
Tel. 71 2101-8000 | **Telefax** 71 2101-8009
40285-280 – Salvador, BA
ldm@livrariamulticampi.com.br

- **CURITIBA**

A Página Distribuidora de Livros
Rodovia BR 116, 14056 – Fanny
Tel. 41 3213-5600
81690-200 – Curitiba, PR

- **MINAS GERAIS**

Asteca – Distribuidora de Livros Ltda.
Rua Costa Monteiro, 50 e 54 – Sagrada Família
Tel. 31 3423-7979 | **Fax** 31 3424-7667
31030-180 – Belo Horizonte, MG
distribuidora@astecabooks.com.br

Livraria João Paulo II
Rua São Paulo, 627 – Centro
Tel. 33 3272-9899
35010-180 – Governador Valadares, MG
livrariajoaopauloii@hotmail.com

Mãe da Igreja Ltda.
Rua Tamoios, 507 – Centro
Tels. 31 3337-9077 / 31 3224-0250
30120-050 – Belo Horizonte, MG
maedaigreja@globo.com

Livraria Jardim Cultural
Av. Dr. Cristiano Guimarães, 2127 B – Planalto
Tel. 31 3427-0226
31720-300 – Belo Horizonte, MG
livrariajardimcultural@yahoo.com.br

- **PIAUÍ**

Livraria Nova Aliança
Rua Olavo Bilac, 1259 – Centro
Telefax 86 3221-6793
64001-280 – Teresina, PI
livrarianovaalianca@hotmail.com

- **RIO GRANDE DO SUL**

Livraria e Editora Padre Reus
Rua Duque de Caxias, 805 – Centro
Tel. 51 3224-0250 | **Fax** 51 3228-1880
90010-282 – Porto Alegre, RS
livrariareus@livrariareus.com.br
loja@livrariareus.com.br

- **SÃO PAULO**

Distribuidora Loyola de Livros Ltda.
Vendas no Atacado
Rua Lopes Coutinho, 74 – Belenzinho
Tel. 11 3322-0100 | **Fax** 11 3322-0101
03054-010 – São Paulo, SP
vendasatacado@distribuidoraloyola.com.br

Livrarias Paulinas
Rodovia Raposo Tavares, km 19, 145
Tels. 11 3789-1425 / 3789-1423 | **Fax** 11 3789-3401
05577-300 – São Paulo, SP
expedicao@paulinas.com.br

REVENDEDORES

- **AMAPÁ**

Livrarias Paulinas
Rua São José, 1790 – Centro
Tel. 96 3131-1219
68900-110 – Macapá, AP
livmacapa@paulinas.com.br

- **AMAZONAS**

Editora Vozes Ltda.
Rua Costa Azevedo, 105 – Centro
Tel. 92 3232-5777 | **Fax** 92 3233-0154
69010-230 – Manaus, AM
vozes.61@vozes.com.br

Livrarias Paulinas
Av. 7 de Setembro, 665 – Centro
Tel. 92 3633-4251 / 3233-5130
Fax 92 3633-4017
69005-141 – Manaus, AM
livmanaus@paulinas.com.br

- **BAHIA**

Editora Vozes Ltda.
Rua Carlos Gomes, 698 A
Conjunto Bela Center – loja 2
Tel. 71 3329-5466 | **Fax** 71 3329-4719
40060-410 – Salvador, BA
vozes.20@vozes.com.br

Livrarias Paulinas
Av. 7 de Setembro, 680 – São Pedro
Tel. 71 3329-2477 / 3329-3668
Fax 71 3329-2546
40060-001 – Salvador, BA
livsalvador@paulinas.com.br

- **BRASÍLIA**

Editora Vozes Ltda.
SCLR/Norte – Q. 704 / Bl. A, 15
Tel. 61 3326-2436 | **Fax** 61 3326-2282
70730-516 – Brasília, DF
vozes.09@vozes.com.br

Livrarias Paulinas
SCS – Q. 05 / Bl. C – lojas 18/22 – Centro
Tel. 61 3225-9595 | **Fax** 61 3225-9219
70300-500 – Brasília, DF
livbrasilia@paulinas.com.br

• **CEARÁ**
Editora Vozes Ltda.
Rua Major Facundo, 730
Tel. 85 3231-9321 | **Fax** 85 3231-4238
60025-100 – Fortaleza, CE
vozes.23@vozes.com.br

Livrarias Paulinas
Rua Major Facundo, 332 – Centro
Tel. 85 3226-7544 / 3226-7398
Fax 85 3226-9930
60025-100 – Fortaleza, CE
livfortaleza@paulinas.com.br

Av. Antônio Sales, 2919 – Dionísio Torres
Tel. 85 3224-4229
60135-203 – Fortaleza, CE
livfortsales@paulinas.com.br

• **ESPÍRITO SANTO**
Livrarias Paulinas
Rua Barão de Itapemirim, 216 – Centro
Tel. 27 3223-1318 / 0800-15-712
Fax 27 3222-3532
29010-060 – Vitória, ES
livvitoria@paulinas.com.br

• **GOIÁS**
Editora Vozes Ltda.
Rua Três, 291
Tel. 62 3225-3077 | **Fax** 62 3225-3994
74023-010 – Goiânia, GO
vozes.27@vozes.com.br

Livrarias Paulinas
Av. Goiás, 636 – Centro
Tel. 62 3224-2585 / 3224-2329
Fax 62 3224-2247
74010-010 – Goiânia, GO
livgoiania@paulinas.com.br

• **MARANHÃO**
Editora Vozes Ltda.
Rua da Palma, 502 – Centro
Tel. 98 3221-0715 | **Fax** 98 3222-9013
65010-440 – São Luís, MA
livrariavozes@terra.com.br

Livrarias Paulinas
Rua de Santana, 499 – Centro
Tel. 98 3232-3068 / 3232-3072
Fax 98 3232-2692
65015-440 – São Luís, MA
livsaoluis@paulinas.com.br

• **MATO GROSSO**
Editora Vozes Ltda.
Rua Antônio Maria Coelho, 197 A
Tel. 65 3623-5307 | **Fax** 65 3623-5186
78005-970 – Cuiabá, MT
vozes.54@vozes.com.br

• **MINAS GERAIS**
Editora Vozes Ltda.
Rua Sergipe, 120 – loja 1
Tel. 31 3048-2100 | **Fax** 31 3048-2121
30130-170 – Belo Horizonte, MG
vozes.04@vozes.com.br

Rua Tupis, 114
Tel. 31 3273-2538 | **Fax** 31 3222-4482
30190-060 – Belo Horizonte, MG
vozes.32@vozes.com.br

Rua Espírito Santo, 963
Tel. 32 3215-9050 | **Fax** 32 3215-8061
36010-041 – Juiz de Fora, MG
vozes.35@vozes.com.br

Livrarias Paulinas
Av. Afonso Pena, 2142 – B. Funcionários
Tel. 31 3269-3700 | **Fax** 31 3269-3730
30130-007 – Belo Horizonte, MG
livbelohorizonte@paulinas.com.br

Rua Curitiba, 870 – Centro
Tel. 31 3224-2832 | **Fax** 31 3224-2208
30170-120 – Belo Horizonte, MG
livbh@paulinas.com.br

• **PARÁ**
Livrarias Paulinas
Rua Santo Antônio, 278 – Campina
Tel. 91 3241-3607 / 3241-4845
Fax 91 3224-3482
66010-090 – Belém, PA
livbelem@paulinas.com.br

Fox Vídeo
Travessa Dr. Moraes, 584 – Nazaré
Tel. 91 4008-0002
66035-125 – Belém, PA
deborah@foxvideo.com.br

• **PARANÁ**
Editora Vozes Ltda.
Rua Pamphilo D'Assumpção, 554 – Rebouças
Tel. 41 3333-9812
80220-040 – Curitiba, PR
vozes.21@vozes.com.br

Rua Emiliano Perneta, 332 – loja A
Telefax 41 3233-1392
80010-050 – Curitiba, PR
vozes.64@vozes.com.br

Livrarias Paulinas
Rua Voluntários da Pátria, 225 – Centro
Tel. 41 3224-8550 | **Fax** 41 3223-1450
80020-000 – Curitiba, PR
livcuritiba@paulinas.com.br

Av. Getúlio Vargas, 276 – Centro
Tel. 44 3226-3536 | **Fax** 44 3226-4250
87013-130 – Maringá, PR
livmaringa@paulinas.com.br

• **PERNAMBUCO, PARAÍBA, ALAGOAS, RIO GRANDE DO NORTE E SERGIPE**
Editora Vozes Ltda.
Rua do Príncipe, 482 – Boa Vista
Tel. 81 3423-4100 | **Fax** 81 3423-7575
50050-410 – Recife, PE
vozes.10@vozes.com.br

Livrarias Paulinas
Rua Duque de Caxias, 597 – Centro
Tel. 83 3241-5591
58010-821 – João Pessoa, PB
livjpessoa@paulinas.com.br

Rua Joaquim Távora, 71 – Centro
Tel. 82 3221-6859
57020-320 – Maceió, AL
livmaceio@paulinas.com.br

Rua João Pessoa, 220 – Centro
Tel. 84 3212-2184
59025-200 – Natal, RN
livnatal@paulinas.com.br

Rua Frei Caneca, 59 – loja 1 – Santo Antônio
Tel. 81 3224-5812 / 3224-6609
Fax 81 3224-9028 / 3224-6321
50010-120 – Recife, PE
livrecife@paulinas.com.br

• **PIAUÍ**
Livrarias Paulinas
Rua Rui Barbosa, 173 – Centro
Tel. 86 3221-3155
64000-090 – Teresina, PI
livteresina@paulinas.com.br

• RIO DE JANEIRO
Editora Vozes Ltda.
Rua 7 de Setembro, 132 – Centro
Tel. 21 2215-0110 | **Fax** 21 2508-7644
20050-002 – Rio de Janeiro, RJ
vozes.42@vozes.com.br

Rua Frei Luís, 100 – Centro
Tel. 24 2233-9000 | **Fax** 24 2231-4676
25689-900 – Petrópolis, RJ
vendas@vozes.com.br

Livrarias Paulinas
Rua 7 de Setembro, 81-A – Centro
Tel. 21 2232-5486 | **Fax** 21 2224-1889
20050-005 – Rio de Janeiro, RJ
livrjaneiro@paulinas.com.br

Rua Dagmar da Fonseca, 45 A/B –
loja A/B – Madureira
Tel. 21 3355-5189 / 3355-5931
Fax 21 3355-5929
21351-040 – Rio de Janeiro, RJ
livmadureira@paulinas.com.br

Rua Aureliano Leal, 46 – Centro
Tel. 21 2622-1219 | **Fax** 21 2622-9940
24020-320 – Niterói, RJ
livniteroi@paulinas.com.br

Carga Nobre Livros Ltda.
Rua Marquês de São Vicente, 225 – Gávea
Tel. 21 2259-0195
22451-041 – Rio de Janeiro, RJ
cnlivros@terra.com.br

Livraria Paz e Bem Ltda. ME
Av. Rio Branco, 156 – sala 509 – Centro
Tel. 21 9987-0139
20040-006 – Rio de Janeiro, RJ
livrariapazebem@globo.com

• RIO GRANDE DO SUL
Editora Vozes Ltda.
Rua Riachuelo, 1280
Tel. 51 3226-3911 | **Fax** 51 3226-3710
90010-273 – Porto Alegre, RS
vozes.05@vozes.com.br

Livrarias Paulinas
Rua dos Andradas, 1212 – Centro
Tel. 51 3221-0422 | **Fax** 51 3224-4354
90020-008 – Porto Alegre, RS
livpalegre@paulinas.com.br

• RONDÔNIA
Livrarias Paulinas
Rua Dom Pedro II, 864 – Centro
Tel. 69 3224-4522 | **Fax** 69 3224-1361
78900-010 – Porto Velho, RO
livportovelho@paulinas.com.br

• SANTA CATARINA
Editora Vozes
Rua Jerônimo Coelho, 308 – Centro
Telefax 48 3222-4112
88010-030 – Florianópolis, SC
vozes.45@vozes.com.br

Livrarias Paulinas
Rua Engenheiro Niemeyer, 70 – Centro
Tel. 47 3027-2509
89201-130 – Joinville, SC
livjoinville@paulinas.com.br

• SÃO PAULO
Distribuidora Loyola de Livros Ltda.
Vendas no Varejo
Rua Senador Feijó, 120
Telefax 11 3242-0449
01006-000 – São Paulo, SP
senador@livrarialoyola.com.br

Rua Barão de Itapetininga, 246
Tel. 11 3255-0662 | **Fax** 11 3231-2340
01042-001 – São Paulo, SP
loyola_barao@terra.com.br

Rua Quintino Bocaiuva, 234 – Centro
Tel. 11 3105-7198 | **Fax** 11 3242-4326
01004-010 – São Paulo, SP
atendimento@livrarialoyola.com.br

Editora Vozes Ltda.
Rua Senador Feijó, 168
Tel. 11 3105-7144 | **Fax** 11 3105-7948
01006-000 – São Paulo, SP
vozes.03@vozes.com.br

Rua Haddock Lobo, 360
Tel. 11 3256-0611 | **Fax** 11 3258-2841
01414-000 – São Paulo, SP
vozes.16@vozes.com.br

Rua dos Trilhos, 627 – Mooca
Tel. 11 2693-7944 | **Fax** 11 2693-7355
03168-010 – São Paulo, SP
vozes.37@vozes.com.br

Rua Barão de Jaguara, 1097
Tel. 19 3231-1323 | **Fax** 19 3234-9316
13015-002 – Campinas, SP
vozes.40@vozes.com.br

Livrarias Paulinas
Rua Domingos de Morais, 660 – Vila Mariana
Tel. 11 5081-9330 | **Fax** 11 5081-9366
04010-100 – São Paulo, SP
livdomingos@paulinas.com.br

Rua XV de Novembro, 71 – Centro
Tel. 11 3106-4418 / 3106-0602
Fax 11 3106-3535
01013-001 – São Paulo, SP
liv15@paulinas.com.br

Av. Marechal Tito, 981 – São Miguel Paulista
Tel. 11 2297-5756
08010-090 – São Paulo, SP
livsmiguel@paulinas.com.br

Rua Luiz Gama, 87 – Centro
Tel. 11 4970-2740
07010-050 – Guarulhos, SP
livguarulhos@paulinas.com.br

BOOKPartners
Rua Vitor Angelo Fortunato, 439 – Jandira
Tel. 11 4772-0023
06612-800 – Jandira, SP
atendimento@bookpartners.com.br

• PORTUGAL
Multinova União Liv. Cult.
Av. Santa Joana Princesa, 12 E
Tel. 00xx351 21 842-1820 / 848-3436
1700-357 – Lisboa, Portugal

Distribuidora de Livros Vamos Ler Ltda.
Rua 4 de Infantaria, 18-18 A
Tel. 00xx351 21 388-8371 / 60-6996
1350-006 – Lisboa, Portugal

Editora Vozes
Av. 5 de Outubro, 23
Tel. 00xx351 21 355-1127
Fax 00xx351 21 355-1128
1050-047 – Lisboa, Portugal
vozes@mail.telepac.pt

Edições Loyola

editoração impressão acabamento
rua 1822 nº 341
04216-000 são paulo sp
T 55 11 3385 8500/8501 • 2063 4275
www.loyola.com.br